Impressum
Verlag: BABADADA GmbH, Nedderfeld 112 , 22529 Hamburg
Geschäftsführer / Verlagsleitung: Harald Hof
Druck: Books on Demand GmbH, In de Tarpen 42, 22848 Norderstedt

Imprint
Publisher: BABADADA GmbH, Nedderfeld 112 , 22529 Hamburg, Germany
Managing Director / Publishing direction: Harald Hof
Print: Books on Demand GmbH, In de Tarpen 42, 22848 Norderstedt

мактаб

σχολείο

синф
σχολική τάξη
тақсим кардан
διαιρώ
186/2
тахтаи синф
πίνακας
σχολική αυλή
муаллим
δάσκαλος
коғаз
χαρτί
навиштан
γράφω
ручка
στυλό
мизи хатнависӣ
γραφείο
ҷадвал
χάρακας
китоб
βιβλίο
талаба
μαθητής

ҷузвдон

σχολική τσάντα

қаламдон

κασετίνα/ μολυβοθήκη

қалам

μολύβι

қаламтезкунак

ξύστρα

хаткуркунак

γόμα

блокноти расмкашӣ

μπλοκ ζωγραφικής

расм

ζωγραφική

мўқалами рассомӣ

πινέλο

қуттии рангҳо

κουτί χρωμάτων

қайчӣ

ψαλίδι

шириеш

κόλλα

дафтари машқ

τετράδιο ασκήσεων

вазифаи хонагӣ

εργασία για το σπίτι

рақам

αριθμός

ҷамъ кардан

προσθέτω

кам кардан

αφαιρώ

зарб задан

πολλαπλασιάζω

ҳисоб кардан

υπολογίζω

ҳарф

γράμμα

алфавит

αλφάβητο

калима

λέξη

матн

κείμενο

хондан

διαβάζω

бӯр

κιμωλία

дарс

μάθημα

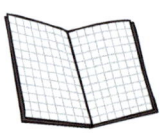

журнали синфӣ

εγγράφομαι

имтиҳон

τεστ

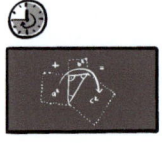

шаҳодатнома

πιστοποιητικό

либоси мактабӣ

μαθητική στολή

таҳсил/маориф

εκπαίδευση

энсиклопедия

εγκυκλοπαίδεια

донишгоҳ

πανεπιστήμιο

микроскоп (more frequently used)

μικροσκόπιο

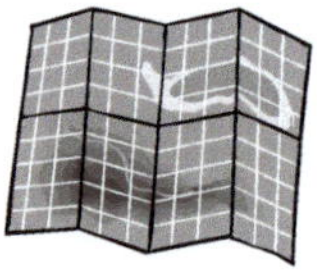

харита

χάρτης

сабади партофҳои коғазӣ

καλάθι αχρήστων

саёҳат
ταξίδι

меҳмонхона
ξενοδοχείο
хобгоҳ
ξενώνας
нуқтаи мубодилаи асъор
ανταλλακτήρια συναλλάγματος
чамадон
βαλίτσα
мошин
αυτοκίνητο

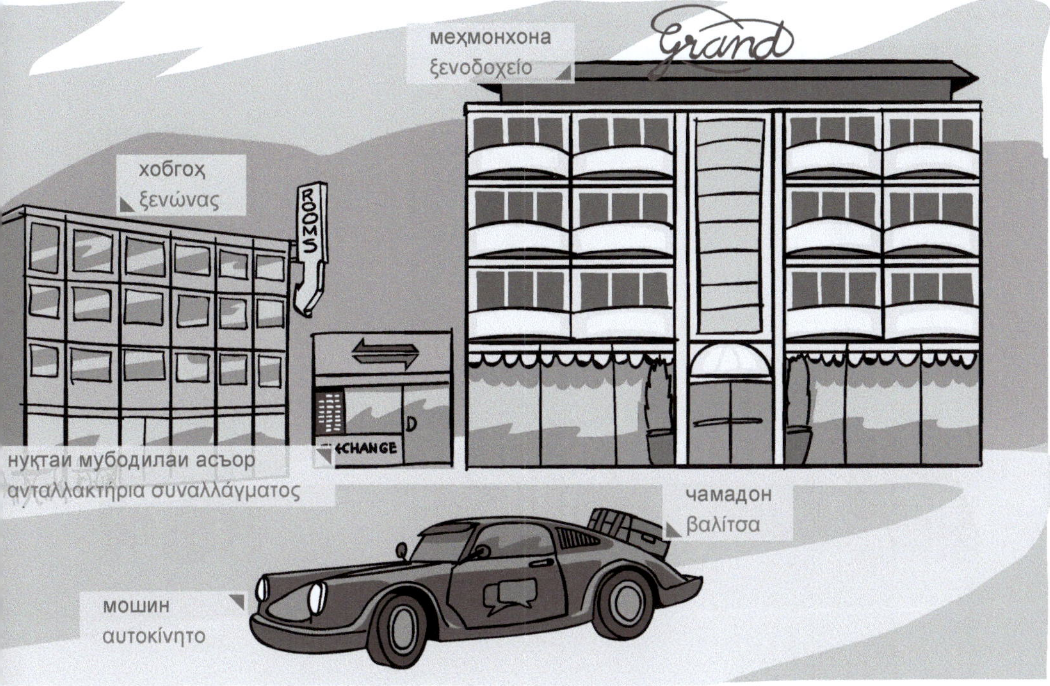

забон

γλώσσα

ҳа / не

ναι / όχι

Хуб

εντάξει

Ассалому алейкум

γεια σου

тарҷумон

μεταφραστής

Раҳмат

Ευχαριστώ

чӣ қадар аст …?

πόσο κάνει ;

Ман намефаҳмам

Δε καταλαβαίνω

проблема

πρόβλημα

шаб ба хайр!

Καλησπέρα!

субҳ ба хайр

Καλημέρα!

шаби хуш

Καληνύχτα!

хайр

Αντίο

равона

κατεύθυνση

бағоҷ

αποσκευές

ҷузвдон

τσάντα

борхалта

σακίδιο πλάτης

меҳмон

καλεσμένος

хона

δωμάτιο

хобхалта

υπνόσακος

хайма

σκηνή

маълумоти сайёҳӣ

ουριστικές πληροφορίες

соҳил

παραλία

корти кредитӣ

πιστωτική κάρτα

наҳорӣ

πρωινό

хӯроки пешин

μεσημεριανό

хӯроки шом

δείπνο

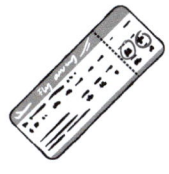

чипта

εισιτήριο

лифт

ανελκυστήρας

марка

γραμματόσημο

сарҳад

σύνορα

Гумрук

τελωνείο

сафорат

πρεσβεία

раводид

βίζα

шиноснома

διαβατήριο

нақлиёт

μεταφορά

тайёра
αεροπλάνο
кишти
πλοίο
мошини сӯхторхомӯшкунӣ
πυροσβεστικό όχημα
автобус
λεωφορείο
мошини боркаш
φορτηγό
иқи моторӣ
ηχανοκίνητο σκάφος
дучарха
ποδήλατο
мошин
αυτοκίνητο

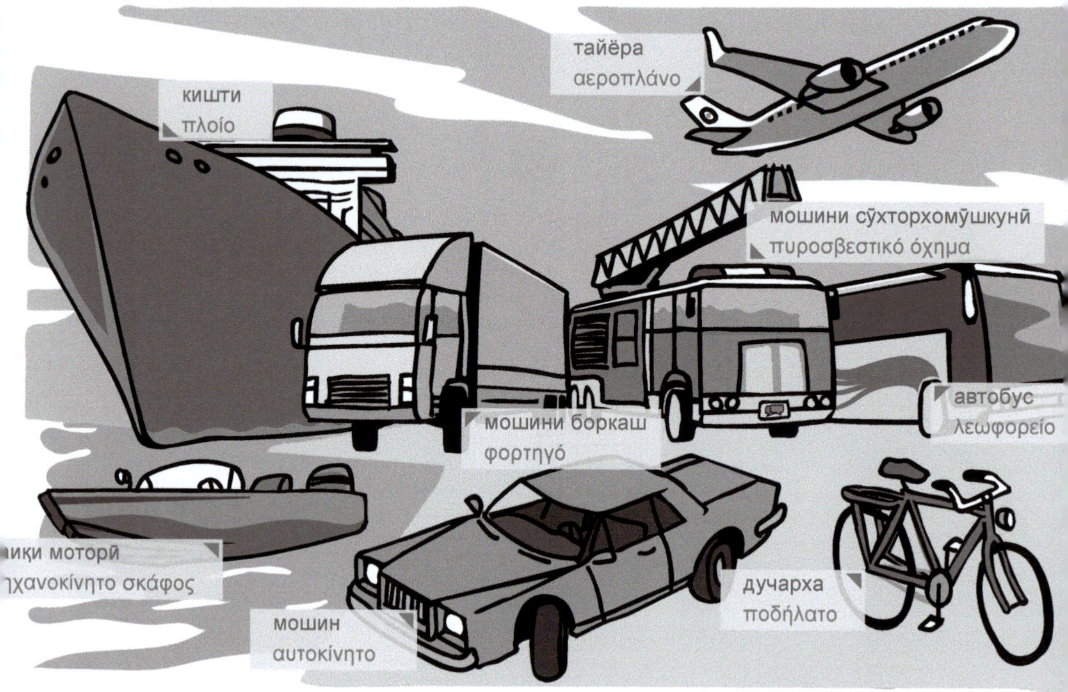

паром

φεριμπότ

қаиқ

βάρκα

мотосикл

μοτοσικλέτα

мошини полис

περιπολικό

мошини тезрави пойгаи

αγωνιστικό αυτοκίνητο

кирояи мошинҳо

ενοικιαζόμενο αυτοκίνητο

амроҳ истифодабарии мошин

αμοιρασμός αυτοκινήτων

эвакуатор

γερανός

павтовҷамъкунӣ

απορριμματοφόρο

муҳаррик

κινητήρας

сӯзишворӣ

καύσιμο

нуқтаи фурӯши сӯзишворӣ

βενζινάδικο

аломати роҳ

πινακίδα σήμανσης

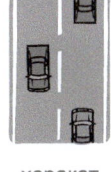

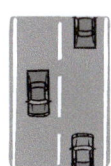

ҳаракат

κυκλοφορία

бандшавии ҳаракати роҳ

κυκλοφοριακή συμφόρηση

ҷои исти мошинҳо

χώρος στάθμευσης

истгоҳи роҳи оҳан

σιδηροδρομικός σταθμός

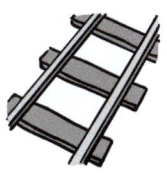

роҳи оҳан

σιδηροδρομικές γραμμές

қатора

τρένο

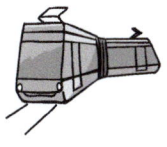

трамвай

τραμ

вагон

βαγόνι

чархбол

ελικόπτερο

фурудгоҳ

αεροδρόμιο

манора

πύργος

мусофир

επιβάτης

контейнер

εμπορευματοκιβώτιο

щутии картонӣ

χαρτοκιβώτιο

ароба

καρότσι

сабад

καλάθι

гирифтан / замин

απογειώνομαι /
προσγειώνομαι

шаҳр

πόλη

деҳа

χωριό

маркази шаҳр

κέντρο της πόλης

хона

σπίτι

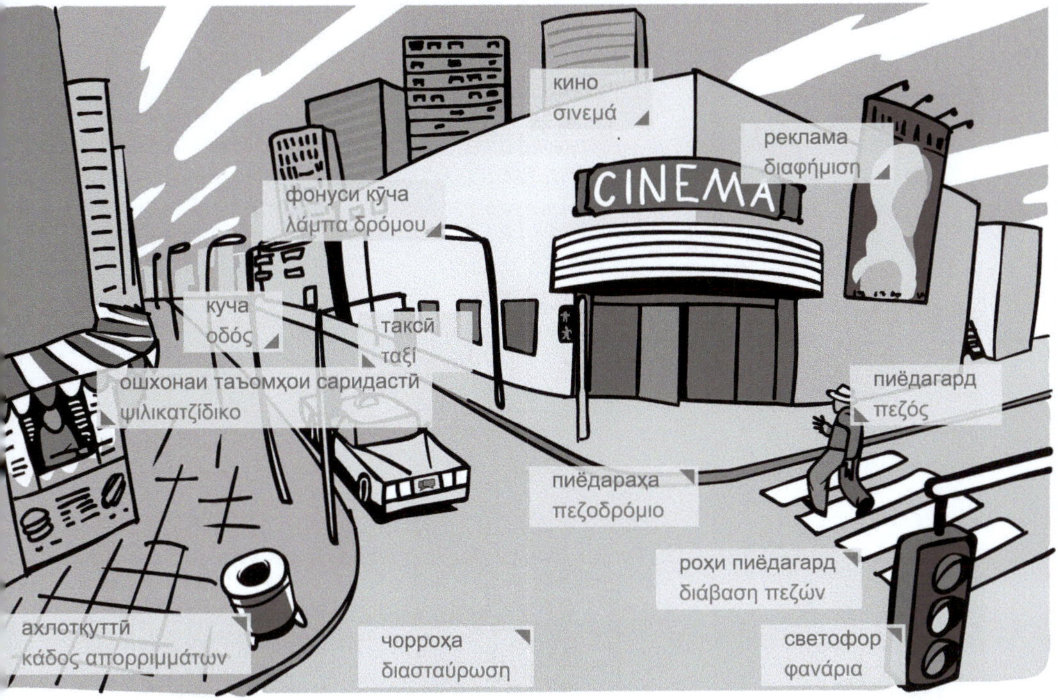

кино
σινεμά
реклама
διαφήμιση
фонуси кӯча
λάμπα δρόμου
куча
οδός
таксӣ
ταξί
ошхонаи таъомҳои саридастӣ
ψιλικατζίδικο
пиёдагард
πεζός
пиёдароҳа
πεζοδρόμιο
роҳи пиёдагард
διάβαση πεζών
ахлоткуттӣ
κάδος απορριμμάτων
чорроҳа
διασταύρωση
светофор
φανάρια

кулба

καλύβα

ҳамвор

διαμέρισμα

истгоҳи роҳи оҳан

σιδηροδρομικός σταθμός

бинои маъмурияти шаҳр

δημαρχείο

осорхона

μουσείο

мактаб

σχολείο

донишгоҳ

панепιστήμιο

бонк

τράπεζα

бемористон

νοσοκομείο

меҳмонхона

ξενοδοχείο

доухона

φαρμακείο

идора

γραφείο

сехи китоб

βιβλιοπωλείο

сехи

κατάστημα

мағозаи гулфурӯшӣ

ανθοπωλείο

супермаркет

σούπερ μάρκετ

бозор

αγορά

универмаг

πολυκατάστημα

мағозаи моҳифурӯшӣ

ιχθυοπωλείο

маркази савдо

εμπορικό κέντρο

бандар

λιμάνι

парк

πάρκο

бонк

παγκάκι

пул

γέφυρα

зинапоя

σκάλες

метро

μετρό

нақби

τούνελ

истгоҳи автобус

στάση λεωφορείου

бар

μπαρ

тарабхона

εστιατόριο

қуттии почта

γραμματοκιβώτιο

аломати номи кӯчаҳо

πινακίδα δρόμου

ҳисобкунаки исти мошинҳо

παρκόμετρο

боғи ҳайвонот

ζωολογικός κήπος

ҳавзи шиноварӣ

πισίνα

масҷид

τζαμί

ферма

αγρόκτημα

ифлоскунӣ

ρύπανση

қабристон

νεκροταφείο

калисо

εκκλησία

майдончаи бозӣ

παιδική χαρά

маъбад

ναός

ландшафт

τοπίο

барг
φύλλο
аломати роҳнамо
πινακίδα κατεύθυνσης
роҳ
δρόμος
алафзор
λιβάδι
санг
πέτρα
сайёҳ
πεζοπόρος
дарахт
δέντρο
дарё
ποτάμι
алаф
χορτάρι
гул
λουλούδι

водӣ

κοιλάδα

кӯҳ

λόφος

кул

λίμνη

беша

δάσος

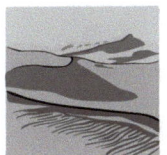

биёбон

έρημος

вулкан

ηφαίστειο

қалъа

κάστρο

рангинкамон

ουράνιο τόξο

занбӯруғ

μανιτάρι

дарати нахл

φοίνικας

хомӯшак

κουνούπι

паридан

μύγα

мурча

μυρμήγκι

занбур

μέλισσα

тортанак

αράχνη

гамбӯсак

σκαθάρι

қурбоққа

βάτραχος

санҷоб

σκίουρος

хорпушт

σκαντζόχοιρος

харгӯш

λαγός

бум

κουκουβάγια

парранда

πουλί

мурғи қу

κύκνος

хуки ваҳшӣ

αγριογούρουνο

оҳу

ελάφι

гавазн

άλκη

сарбанд

φράγμα

турбина шамол

ανεμογεννήτρια

панел офтобӣ

ηλιακός συλλέκτης

иқлим

κλίμα

тарабхона
εστιατόριο

пешхизмат
σερβιτόρος
меню
κατάλογος
курсӣ
καρέκλα
шӯрбо
σούπα
Pizza
πίτσα
асбобу анҷоми хӯрокхӯрӣ
μαχαιροπίρουνα
дастархон
τραπεζομάντιλο

стартер/корандоз

ορεκτικό

хӯроки асосӣ

κύριο πιάτο

десерт

επιδόρπιο

нӯшокиҳои

ποτά

таъом

φαγητό

шиша

μπουκάλι

Хӯроки Тез Таёр мешуда

фаστ φουντ

хӯроки кӯчагӣ

φαγητό στ' όρθιο

чойник

τσαγιέρα

шакардон

δοχείο ζάχαρης

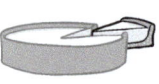

қисм/порча

μερίδα

мошини espresso

μηχανή εσπρέσο

курсии кӯдакона

ψηλή καρέκλα

ҳисоб

λογαριασμός

зарфмонак

δίσκος

корд

μαχαίρι

чангол

πιρούνι

қошуқ

κουτάλι

қошуқча

κουταλάκι του τσαγιού

сачоқи қоғазӣ

πετσέτα φαγητού

истакон

ποτήρι

табақча
....
πιάτο

косача
....
πιάτο σούπας

тақсимча
....
πιατάκι φλιτζανιού

соус
....
σάλτσα

намакдон
....
αλατιέρα

мурчдон
....
μύλος για πιπέρι

сирко
....
ξύδι

равғани растанӣ
....
λάδι

приправа
....
μπαχαρικά

кетчуп
....
κέτσαπ

хардал
....
μουστάρδα

майонез
....
μαγιονέζα

супермаркет

σούπερ μάρκετ

пешниҳоди махсус
προσφορά
πελάτης
шир
γαλακτοκομικά προϊόντα
мева
φρούτα
аробача
καρότσι για ψώνια

дукони гӯштфурӯшӣ

κρεοπωλείο

дукони нонфурӯшӣ

φούρνος

баркашидан

ζυγίζω

сабзавот

λαχανικά

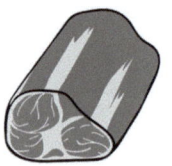

гӯшт

κρέας

хӯроки яхбаста

κατεψυγμένα τρόφιμα

лимҳои борик буридаи гушт

αλλαντικά

озуќаворї консервонидашуда

κονσερβοποιημένη τροφή

хокаи либосшўӣ

απορρυπαντικό ρούχων

ширинӣ

γλυκά

асбоби рўзгор

οικιακά είδη

воситаҳои тозакунанда

καθαριστικά προϊόντα

фурўшанда

πωλήτρια

касса

ταμείο

кассир

ταμίας

рўихати харидкунӣ

λίστα για ψώνια

соат ифтитоҳи

ωράριο λειτουργίας

ҳамён

πορτοφόλι

корти кредитӣ

πιστωτική κάρτα

ҷуздо

τσάντα

пакет

πλαστική σακούλα

нӯшокиҳои

ποτά

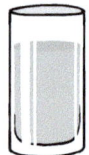

об

νερό

шарбат

χυμός

шир

γάλα

кола

κόκα κόλα

шароб

κρασί

оби ҷав

μπίρα

машрубот

αλκοόλ

какао

κακάο

чой

τσάι

қаҳва

καφές

эспрессо

εσπρέσο

каппучино

καπουτσίνο

банан

μπανάνα

себ

μήλο

норанҷӣ

πορτοκάλι

харбуза

πεπόνι

лимӯ

λεμόνι

сабзӣ

καρότο

сир

σκόρδο

бамбук

μπαμπού

пиёз

κρεμμύδι

занбӯруғ

μανιτάρι

чормағз

ξηροί καρποί

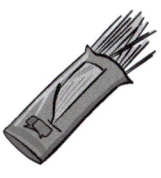

угро

νουντλς

спагеттӣ

μακαρόνια

биринҷ

ρύζι

салат

σαλάτα

картошкаи қоқак

πατατάκια

картошкабирён

τηγανητές πατάτες

Pizza

πίτσα

гамбургер

χάμπουργκερ

бутербурод

σάντουιτς

шнитсел

κοτολέτα

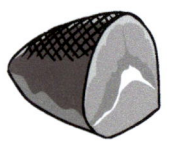

гӯшти намакардаи хук

ζαμπόν

ҳасиби салямӣ

σαλάμι

ҳасиб

λουκάνικο

мурғ

κοτόπουλο

кабоб

ψητό

моҳӣ

ψάρι

ярмаи ҷав

χυλός βρώμης

омехтаи ғалладонагӣ

μούσλι

ярмаи ҷуворимакка

κορν φλέικς

орд

αλεύρι

кулчақанд

κρουασάν

кулчақанд

ψωμάκι

нон

ψωμί

як порча нони бирён

τοστ

кулчачаҳои қандин

μπισκότα

маска

βούτυρο

творог

τυρόπηγμα

пирог

κέικ

тухм

αυγό

тухм бирён

τηγανητό αυγό

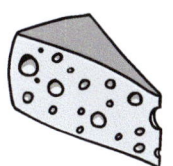

панир

τυρί

яхмос

παγωτό

шакар

ζάχαρη

асал

μέλι

мураббо

μαρμελάδα

хамираи ҳалво

άλλειμμα σοκολάτας

Curry

κάρυ

ферма

αγρόκτημα

хонаи деҳот
αγρόσπιτο
анборхона
αχυρώνας
тойи коҳ
δεμάτι άχυρου
дашт
χωράφι
асп
αλόγο
ядак
ρυμουλκούμενο
трактор
τρακτέρ
тойча
πουλάρι
хар
γάιδαρος
гӯсфанд
πρόβατο
баррача
αρνί

буз

κατσίκα

гов

αγελάδα

гӯсола

μοσχαράκι

хук

γουρούνι

хукча

γουρουνάκι

буққа

ταύρος

қоз

χήνα

мурғобӣ

πάπια

чӯҷа

κοτοπουλάκι

мурғ

κότα

хурӯс

κόκορας

каламуш

αρουραίος

гурба

γάτα

муш

ποντίκι

барзагов

βόδι

саг

σκύλος

хоначаи саг

σπιτάκι σκύλου

рӯдаи резинӣ

λάστιχο κήπου

камобӣ метавонад

ποτιστήρι

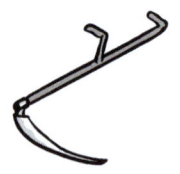

дос

θεριστήρι

сипори шудгоркунии замин

αλέτρι

доси

δρεπάνι

каланд

τσάπα

панҷшоха

δίκρανο

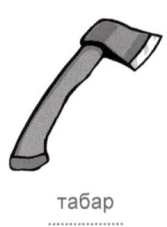

табар

τσεκούρι

ароба

χειράμαξα

охур

ταΐστρα

зарфи ширгирӣ

δοχείο γάλακτος

халта

σάκος

девор

φράχτης

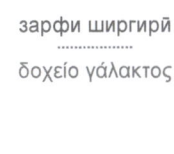

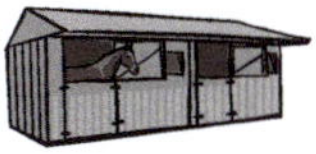

мӯътадил

στάβλος

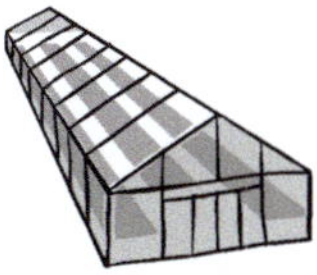

гармхона

θερμοκήπιο

хок

έδαφος

тухмӣ

σπόρος

нуриҳо

λίπασμα

комбайни ғаллағундорӣ

θεριζοαλωνιστική μηχανή

ҳосил

θερίζω

ҳосил

συγκομιδή

yams

γιαμς

гандум

σιτάρι

лубиж

σόγια

картошка

πατάτα

ҷуворӣ

καλαμπόκι

донаи маъсар

κράμβη

дарахти мева

οπωροφόρο δέντρο

manioc

μανιόκα

ғалладона

δημητριακά

хона

σπίτι

дудбаро
бом
στέγη
нова
υδρορροή
тиреза
παράθυρο
гараж
γκαράζ
занги дар
κουδούνι
дар
πόρτα
ахлотқуттӣ
σκουπιδοτενεκές
қуттии почта
γραμματοκιβώτιο
боғ
κήπος

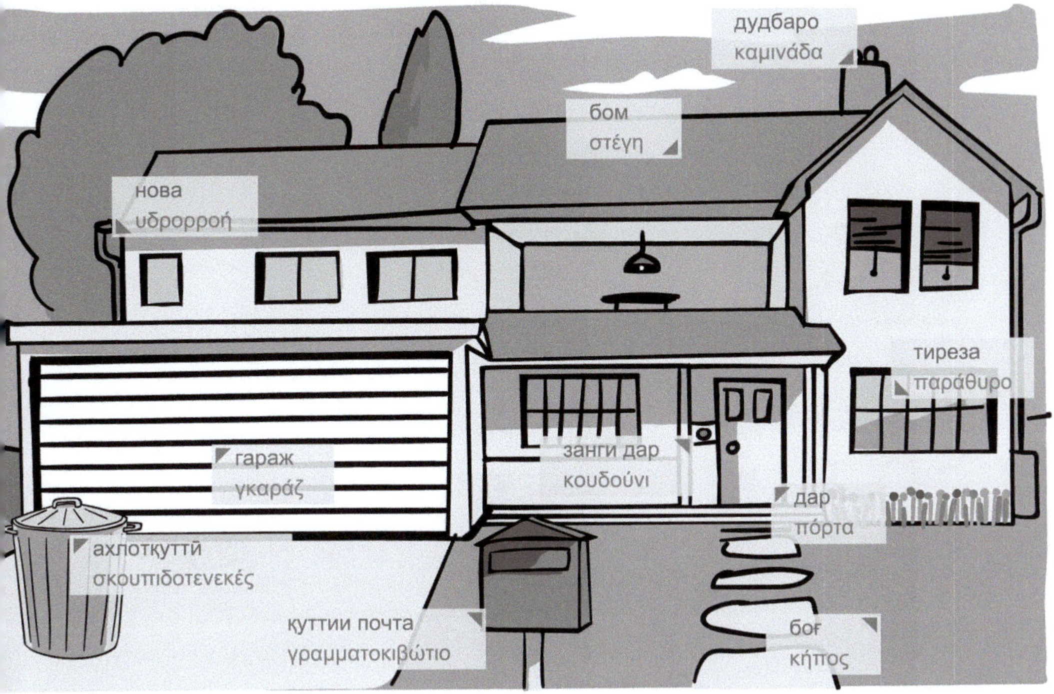

мехмонхона

σαλόνι

ҳамом

μπάνιο

ошхона

κουζίνα

хонаи хоб

υπνοδωμάτιο

ҳуҷраи кӯдакона

παιδικό δωμάτιο

ошхона

τραπεζαρία

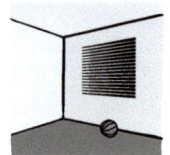

ошёна

πάτωμα

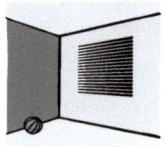

девор

τοίχος

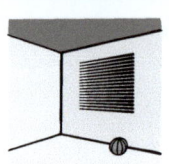

шифт

οροφή

тагзаминӣ

κελάρι

сауна

σάουνα

балкон

μπαλκόνι

суфача

βεράντα

ҳавз

πισίνα

мошини алафдарав

μηχανή του γκαζόν

варақ

σεντόνι

кампал

κάλυμμα κρεβατιού

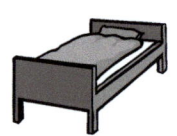

кат

κρεβάτι

ҷорӯб

σκούπα

сатил

κουβάς

калид

διακόπτης

мехмонхона
σαλόνι

зардеворӣ
ταπετσαρία
расм
φωτογραφία
лампа
λάμπα
рафи китобмонӣ
ράφι
чевони зарфҳо
ντουλάπι
телевизор
τηλεόραση
оташдон
τζάκι
гул
λουλούδι
болишт
μαξιλάρι
диван
καναπές
гулдон
βάζο
пулт
τηλεκοντρόλ

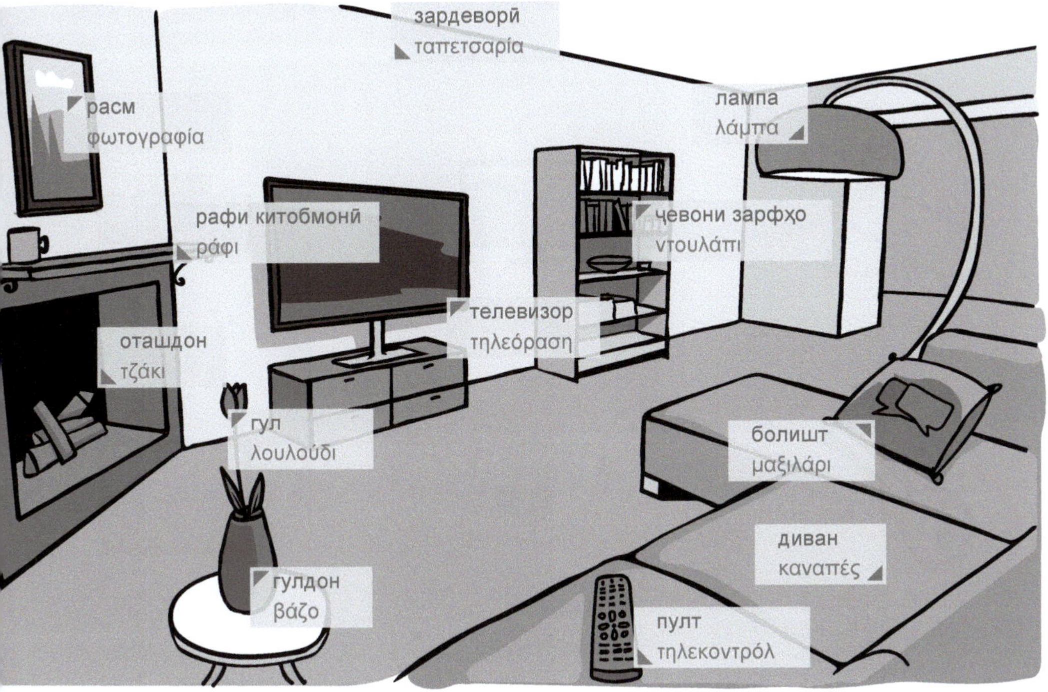

қолин

χαλί

парда

κουρτίνα

мизи

τραπέζι

курсӣ

καρέκλα

rocking кафедраи

κουνιστή πολυθρόνα

курсӣ

πολυθρόνα

китоб

βιβλίο

курпа

κουβέρτα

ороиш

διακόσμηση

ҳезум

καυσόξυλα

филм

ταινία

дастгоҳи hi-fi

στερεοφωνικό σύστημα

калид

κλειδί

рӯзнома

εφημερίδα

расм

πίνακας ζωγραφικής

эълон

αφίσα

радио

ραδιόφωνο

китобчаи қайдҳо

σημειωματάριο

чангкашак

ηλεκτρική σκούπα

кактус

κάκτος

шам

κερί

ошхона
κουζίνα

яхдон
ψυγείο
тафдон
φούρνος μικροκυμάτων
тарозу
ζυγαριά κουζίνας
тостер
τοστιέρα
хокаи либосшӯӣ
απορρυπαντικό
оташдон
φούρνος
яхдон
κατάψυξη
ахлотқуттӣ
σκουπιδοτενεκές
зарфшӯяк
πλυντήριο πιάτων

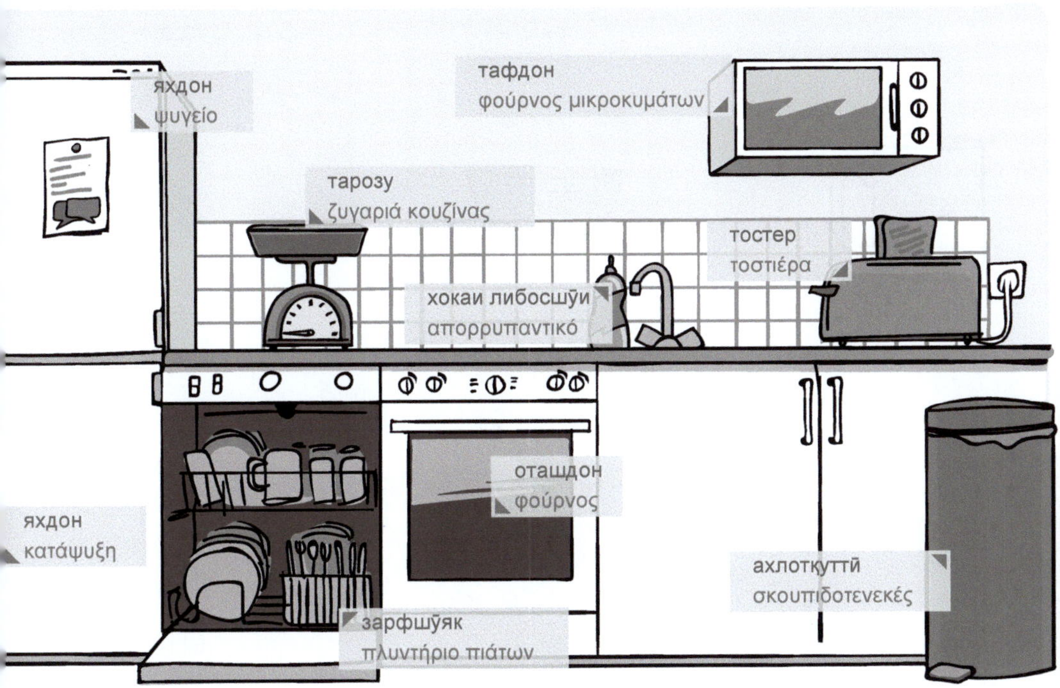

плита

κουζίνα

тубак

κατσαρόλα

дег

μαντεμένια κατσαρόλα

дег / кадӣ

γουόκ/καντάι

тоба

τηγάνι

чойник

βραστήρας

steamer

ατμομάγειρας

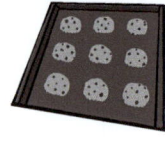

лист

ταψί

зарф

πιατικά

кружка

κούπα

коса

μπολ

чубаки хурокхӯрӣ

ξυλάκια

кафлези

κουτάλα

кафлези ҳамвор

σπάτουλα

whisk

ανακατεύω

strainer

σουρωτήρι

элак

σουρωτηράκι

турбтарошак

τρίφτης

миномет

γουδί

Кабоб Кардан

ψησταριά

оташ кушод

ανοιχτή φωτιά

тахтаи резакунӣ

σανίδα κοπής

чӯба

πλάστης

пӯккашак

ανοιχτήρι φελλών

банка

κονσέρβα

консервокушояк

ανοιχτήρι κονσέρβας

дастак

γάντι φούρνου

дастшӯяк

νεροχύτης

чӯтка

βούρτσα

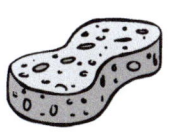

исфанҷ

σφουγγάρι

блендер

μπλέντερ

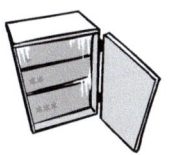

сармодон

καταψύκτης

шишача

μπιμπερό

ҷумак

βρύση

ҳамом

μπάνιο

гармидихӣ
θέρμανση
сачоқ
πετσέτα
душ
ντους
пардаи душ
κουρτίνα ντουζ
ваннаи кафкдор
αφρόλουτρο
ванна
μπανιέρα
истакон
ποτήρι
мошини ҷомашӯӣ
πλυντήριο ρούχων
чумак
βρύση
фарши кошинкорӣ
πλακάκια
тубак
γιογιό
дастшӯяк
νεροχύτης

ҳоҷатхона

τουαλέτα

нишастгоҳи халоҷои рӯйфаршӣ

τούρκικη τουαλέτα

биде

μπιντές

ҳоҷатхонаи мардона

ουρητήριο

коғази ташноб

χαρτί υγείας

чӯткаи ҳоҷатхона

πιγκάλ

дандоншӯяк

οδοντόβουρτσα

хамираи дандоншӯи

οδοντόκρεμα

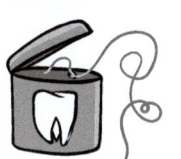

риштаи дандонтозакунӣ

οδοντικό νήμα

шӯстан

πλένω

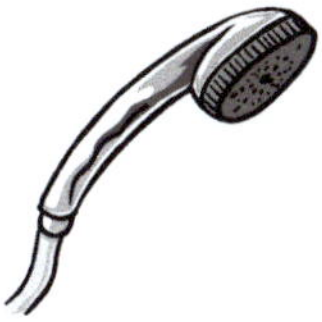

души дастӣ

τηλέφωνο ντους

обшӯй

ντουσιέρα

ҳавза

λεκάνη

шона кардани мӯй

βούρτσα πλάτης

собун

σαπούνι

гел барои душ

αφρόλουτρο

шампун

σαμπουάν

бумазӣ

φανέλα

заҳкаш

σιφόνι

крем

κρέμα

дезодорант

αποσμητικό

оина

καθρέφτης

оинаи дастӣ

καθρέφτης χειρός

риштарошаки барқи

ξυραφάκι

кафк барои риштарошӣ

αφρός ξυρίσματος

оби мушкини баъди
риштарошӣ

αφτερσέιβ

шона

χτένα

чӯтка

βούρτσα

мӯйхушкунак

σεσουάρ

лак барои мӯй

λακ

косметика

μακιγιάζ

лабсурхкунак

κραγιόν

лок барои нохун

βερνίκι νυχιών

пахта

βαμβάκι

қайчии нохунгирӣ

ψαλίδι νυχιών

атриёт

άρωμα

ҷузвдони косметики

νεσεσέρ

қазои ҳоҷат

σκαμπό

тарозу

ζυγαριά

хилъат

μπουρνούζι

дастпӯшак резина

ελαστικά γάντια

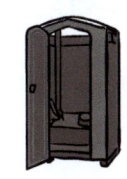

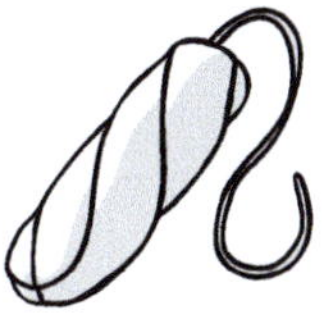

тампон

ταμπόν

дастмоли санитарӣ

πετσέτα υγιεινής

био-ҳоҷатхона

χημική τουαλέτα

ҳуҷраи кӯдакона
παιδικό δωμάτιο

соати рӯимизии зангдор
ξυπνητήρι
бозичаи мулоим
λούτρινο ζωάκι
мошини бозича
αυτοκινητάκι
тиқ-тиқ кардан
κουδουνίστρα
хоначаи бозичагӣ
κουκλόσπιτο
δώρο

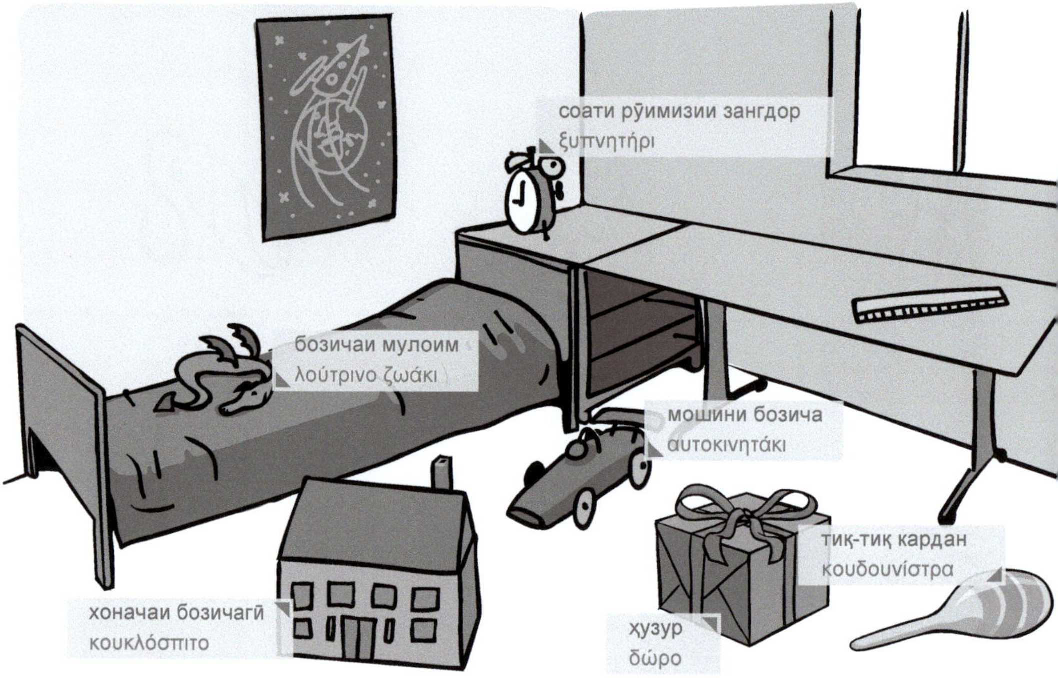

пуфак

μπαλόνι

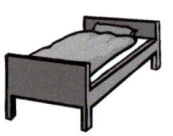

кат

κρεβάτι

аробочаи кудакона

καροτσάκι

маҷмӯи кортҳо

τράπουλα

бозии муамоёбӣ

παζλ

комикс

κόμικς

хиштҳои лего

τουβλάκια lego

мағозаи бозичафурӯхтан

τουβλάκια κατασκευών

рақам амал

φιγούρα δράσης

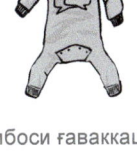

либоси ғаваккашӣ

βρεφικό φορμάκι

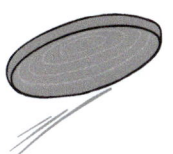

фрисби

φρίσμπι

мобилӣ

μόμπιλο

лавҳачаи бозӣ

επιτραπέζιο παιχνίδι

кубик

ζάρια

маҷмӯи модели қатора

σετ τρενάκι

пистонак

πιπίλα

ҳизб

πάρτι

китоби расм

εικονογραφημένο βιβλίο

тӯб

μπάλα

лӯхтак

κούκλα

бози кардан

παίζω

қуттии рег

σκάμμα με άμμο

арғунчак

κούνια

бозича

παιχνίδια

консоли бозиҳои видеой

κονσόλα βιντεοπαιχνιδιών

велосипеди сечарха

τρίκυκλο

хирсаки бахмалии патдор

αρκουδάκι

ҷевон

ντουλάπα

либос

ρούχα

ҷуроб

κάλτσες

ҷуроби соқбаланд

καλτσοδέτες

колготки

καλσόν

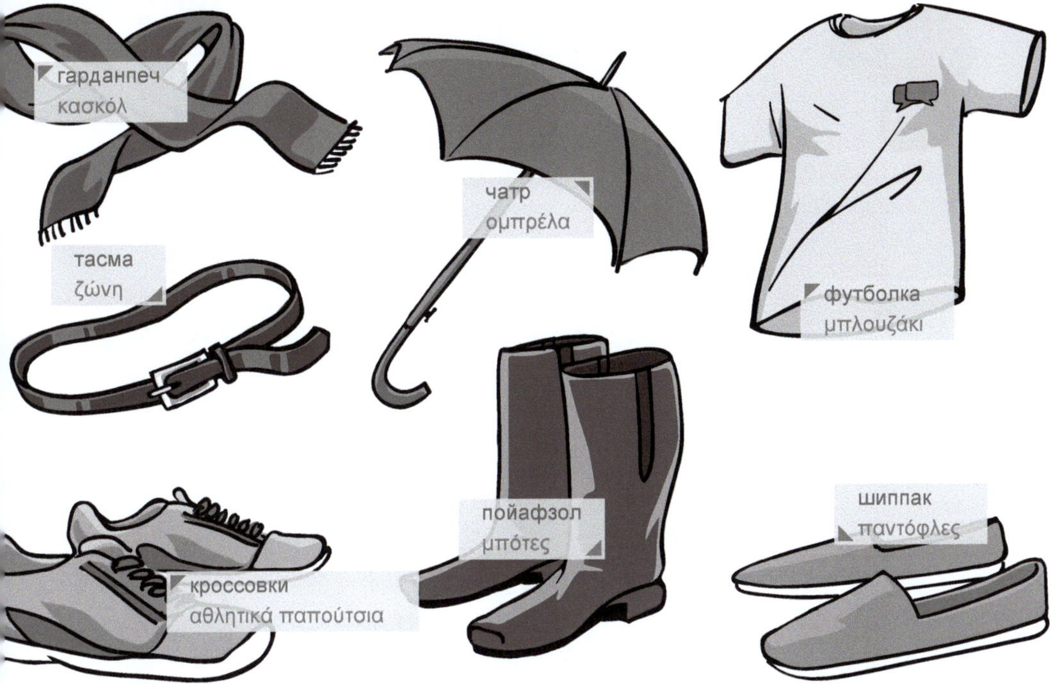

гарданпеч
касκόλ

чатр
ομπρέλα

тасма
ζώνη

футболка
μπλουζάκι

пойафзол
μπότες

шиппак
παντόφλες

кроссовки
αθλητικά παπούτσια

босоножкй

....

σανδάλια

пойафзол

....

παπούτσια

музаи резинй

....

γαλότσες

турсй

....

εσώρουχο

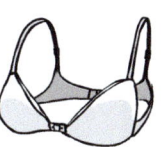

синабанд

....

σουτιέν

майка

....

φανέλα

либос - ρούχα

45

бадан

σώμα

шим

παντελόνι

ҷинс

τζιν παντελόνι

юбка

φούστα

куртаи нимтаи занона

μπλούζα

курта

πουκάμισο

свитер

πουλόβερ

свитер

πουλόβερ

пиҷак

σακάκι

нимтана

μπουφάν

палто

παλτό

плаш

αδιάβροχο πανωφόρι

костюм

κοστούμι

куртаи занона

φόρεμα

либос тӯйи

νυφικό

костюм

κοστούμι

куртаи хоб

νυχτικό

пижама

πιτζάμες

Сари

σάρι

рӯймол

μαντήλι

салла

τουρμπάνι

ниқобу

μπούρκα

кафтан

καφτάνι

абая

μουσουλμανικό ένδυμα

либоси обозӣ

ολόσωμο μαγιό

эзорчаи шиноварии мардона

ανδρικό μαγιό

шорти

σορτς

либоси варзишӣ

αθλητική φόρμα

пешбанд

ποδιά

дастпӯшак

γάντια

тугма

κουμπί

айнак

γυαλιά

дастпона

βραχιόλι

гарданбанд

περιδέραιο

ангуштарин

δαχτυλίδι

гӯшвора

σκουλαρίκι

кулоҳ

καπέλο

либосовезак

κρεμάστρα

кулоҳ

καπέλο

галстук

γραβάτα

занҷирак

φερμουάρ

тоскулоҳ

κράνος

шимбардор

τιράντες

либоси мактабӣ

μαθητική στολή

либоси

στολή

пешгир

σαλιάρα

пистонак

πιπίλα

подгузник

πάνα

идора

γραφείο

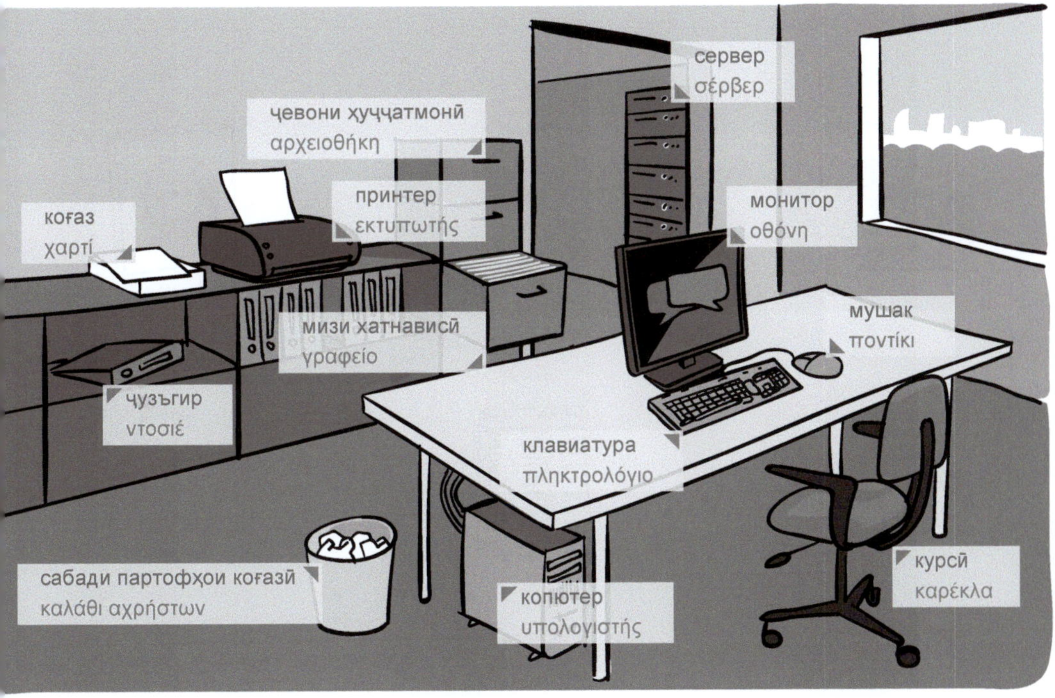

сервер
σέρβερ
чевони хуччатмонӣ
αρχειοθήκη
принтер
εκτυπωτής
коғаз
χαρτί
монитор
οθόνη
мушак
ποντίκι
мизи хатнависӣ
чузъгир
ντοσιέ
клавиатура
πληκτρολόγιο
сабади партофхои коғазӣ
καλάθι αχρήστων
копютер
υπολογιστής
курсӣ
καρέκλα

кружкаи қаҳванӯшӣ

κούπα του καφέ

калкулятор

κομπιουτεράκι

интернет

ίντερνετ

ноутбук

λάπτοπ

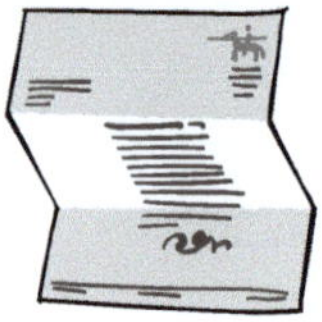

мактуб

γράμμα

хабар

μήνυμα

телефони мобилӣ

κινητό

шабака

δίκτυο

нусхабардор

φωτοτυπικό μηχάνημα

нармафзор

λογισμικό

телефон

τηλέφωνο

розетка

πρίζα

факс

συσκευή φαξ

шакл

έντυπο

ҳуҷҷат

έγγραφο

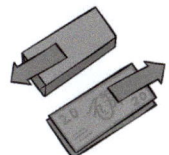

иқтисодиёт
οικονομία

харидан

αγοράζω

пардохт

πληρώνω

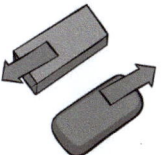

савдо

συναλλάσσομαι

пул

χρήματα

доллар

δολάριο

евро

ευρώ

йен

γιεν

рубл

ρούβλι

франки швейцариягӣ

ελβετικό φράγκο

юан

ρενμίνμπι γιουάν

рупӣ

ρουπία

нуқтаи нақд

ATM (αυτόματη ταμειακή μηχανή)

нуқтаи мубодилаи асъор

ανταλλακτήρια συναλλάγματος

тилло

χρυσός

нуқра

ασήμι

равғани растанӣ

πετρέλαιο

энерги

ενέργεια

нарх

τιμή

шартнома

συμβόλαιο

андоз

φόρος

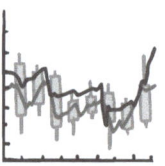

саҳмия

μετοχή

кор

δουλεύω

хизматчӣ

υπάλληλος

соҳибкор

εργοδότης

завод

εργοστάσιο

сехи

κατάστημα

касбҳо

επαγγέλματα

корманди полис
αστυνόμος
сӯхторхомушкун
πυροσβέστης
ошпаз
μάγειρας
духтур
γιατρός
халабон
πιλότος

боғбон

κηπουρός

чӯбтарош

ξυλουργός

дӯзанда

μοδίστρα

судя

δικαστής

кимиёшинос

χημικός

актер

ηθοποιός

ронандаи автобус

οδηγός λεωφορείου

таксист

ταξιτζής

моҳигир

ψαράς

фаррошзан

καθαρίστρια

устои бомпӯш

τεχνίτης στεγών

пешхизмат

σερβιτόρος

шикорчӣ

κυνηγός

расом

ζωγράφος

нонвой

αρτοποιός

барқ

ηλεκτρολόγος

сохтмончӣ

οικοδόμος

инженер

μηχανολόγος

қассоб

κρεοπώλης

устои шабакаи об

υδραυλικός

хаткашон

ταχυδρόμος

сарбоз

στρατιώτης

меъмор

αρχιτέκτονας

кассир

ταμίας

гулфурӯш

ανθοπώλης

сартарош

κομμωτής

кондуктор

ελεγκτής εισιτηρίων

механик

μηχανικός

капатан

καπετάνιος

духтури дандон

οδοντίατρος

олим

επιστήμονας

хохом

ραβίνος

имом

ιμάμης

шайх

μοναχός

саркоҳин

ιερέας

асбобҳо

εργαλεία

болғача
σφυρί
анбӯри пахҳнӯл
πένσα
мурваттобак
κατσαβίδι
калиди гайкатобӣ
Γαλλικό κλειδί
фонуси дастӣ
φακός

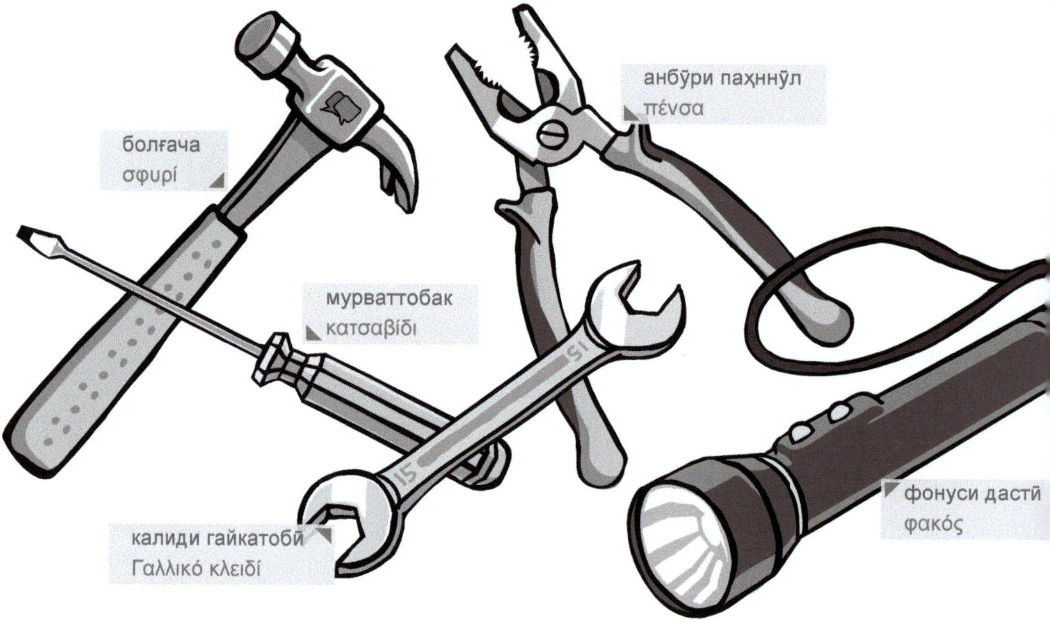

экскаватор

εκσκαφέας

қутии асбобҳо

εργαλειοθήκη

зинапоя

σκάλα

арра

πριόνι

мехҳо

καρφιά

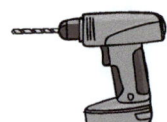

пармаи электрикӣ

τρυπάνι

таъмир
επισκευάζω

бел
φτυάρι

Сабил монад!
Να πάρει!

белчаи хокрӯбагирӣ
φαράσι

сатили ранг
δοχείο χρωμάτων

мехи печдор
βίδες

асбобҳои мусиқӣ
μουσικά όργανα

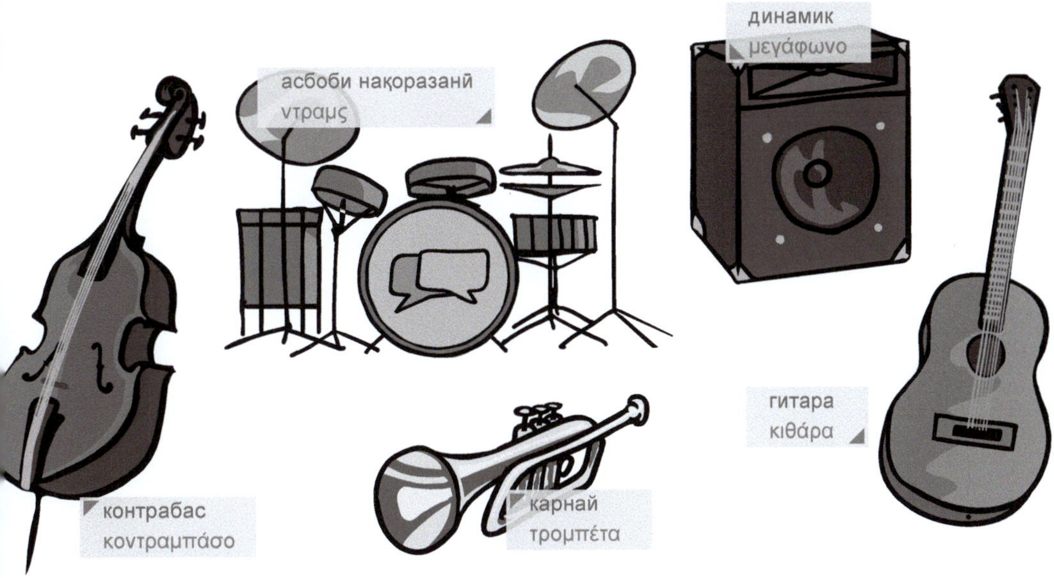

асбоби нақоразанӣ
ντραμς

динамик
μεγάφωνο

гитара
κιθάρα

контрабас
κοντραμπάσο

карнай
τρομπέτα

пианино

πιάνο

ғиҷҷак

βιολί

бас-гитара

μπάσο

нақораи поядор

τύμπανα

нақора

τύμπανο

клавиатура

πλήκτρα

саксофон

σαξόφωνο

най

φλάουτο

баландгўяд

μικρόφωνο

боғи ҳайвонот

ζωολογικός κήπος

даромад
είσοδος
паланг
τίγρης
қафас
κλουβί
гӯрхар
ζέβρα
хӯроки чорво
ζωοτροφή
панда
πάντα

ҳайвонот

ζώα

фил

ελέφαντας

кенгуру

καγκουρό

каркадан

ρινόκερος

горилла

γορίλας

хирси бӯр

αρκούδα

шутур

καμήλα

шутурмурғ

στρουθοκάμηλος

шер

λιοντάρι

маймун

πίθηκος

бутимор

φλαμίνγκο

тӯти

παπαγάλος

хирси сафед

πολική αρκούδα

пингвин

πιγκουίνος

наҳанг

καρχαρίας

товус

παγώνι

мор

φίδι

тимсоҳ

κροκόδειλος

посбон

φύλακας ζωολογικού κήπου

сил

φώκια

ягуар

τζάγκουαρ

аспи кӯтоҳқад

πόνυ

леопард

λεοπάρδαλη

баҳмут

ιπποπόταμος

заррофа

καμηλοπάρδαλη

уқоб

αετός

хуки ваҳшӣ

αγριογούρουνο

моҳӣ

ψάρι

сангпушт

χελώνα

морж

θαλάσσιος ίππος

рӯбоҳ

αλεπού

ғизол/оҳу

γαζέλα

футболи амрикои
Αμερικάνικο ποδόσφαιρο

велосипедронӣ
ποδηλασία

теннис
αντισφαίριση

баскетбол
μπάσκετ

шиноварӣ
κολύμβηση

бокс
πυγχαμία

хоккей
χόκεϊ επί πάγου

футбол

ποδόσφαιρο

бадмингтон

μπάντμιντον

атлетика

στίβος

гандбол

χάντμπολ

лижаронӣ

σκι

тӯббозӣ бо асп

πόλο

фаъолият

δραστηριότητες

ханда
γελάω
паридан
πηδάω
оғӯш гирифтан
αγκαλιάζω
пиёда рафтан
περπατάω
шеър хондан
τραγουδάω
орзӯ кардан
ονειρεύομαι
ибодат кардан
προσεύχομαι
бӯса кардан
φιλάω

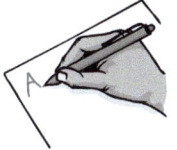

навиштан

γράφω

кашидан

σχεδιάζω

нишон додан

δείχνω

тела додан

πιέζω

додан

δίνω

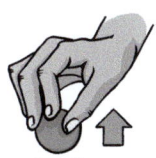

гирифтан

παίρνω

доранд

έχω

кор

κάνω

бошад

είμαι

истодан

στέκομαι

давидан

τρέχω

кашидан

τραβάω

партофтан

ρίχνω

афтидан

πέφτω

дароз кашидан

ξαπλώνω

интизор шудан

περιμένω

бардошта бурдан

κουβαλώ

нишастан

κάθομαι

либос пӯшидан

φοράω

хобин

κοιμάμαι

бедор шудан

ξυπνάω

нигоҳ кардан

κοιτάω

гиря кардан

κλαίω

сила кардан

χαϊδεύω

шона

χτενίζω

гап задан

μιλάω

фаҳмидан

καταλαβαίνω

пурсидан

ρωτάω

гӯш кардан

ακούω

нӯштдан

πίνω

хӯрдан

τρώω

ғундоштан

συγυρίζω

ишқ

αγαπάω

ошпаз

μαγειρεύω

рондан

οδηγώ

парвоз кардан

πετάω

бо бодбон ҳаракат кардан

κάνω ιστιοπλοΐα

ҳисоб кардан

υπολογίζω

хондан

διαβάζω

омӯхтан

μαθαίνω

кор

δουλεύω

оиладор шудан

παντρεύομαι

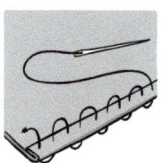

дӯхтан

ράβω

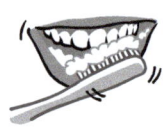

дадон шӯстан

βουρτσίζω τα δόντια

куштан

σκοτώνω

дуд

καπνίζω

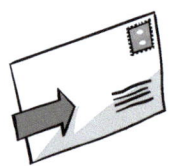

фиристодан

στέλνω

оила
οικογένεια

биби
γιαγιά
бобо
παππούς
падар
πατέρας
модар
μητέρα
кӯдак
μωρό
κόρη
писар
γιος

меҳмон

καλεσμένος

хола

θεία

амак

θείος

бародар

αδελφός

хоҳар

αδελφή

бадан

σώμα

пешонӣ
μέτωπο
чашм
μάτι
китф
ώμος
ангушт
δάχτυλο
рӯй
πρόσωπο
манаҳ
πιγούνι
панҷаи даст
χέρι
пой
πόδι
қафаси сина
στήθος
даст
βραχίονας

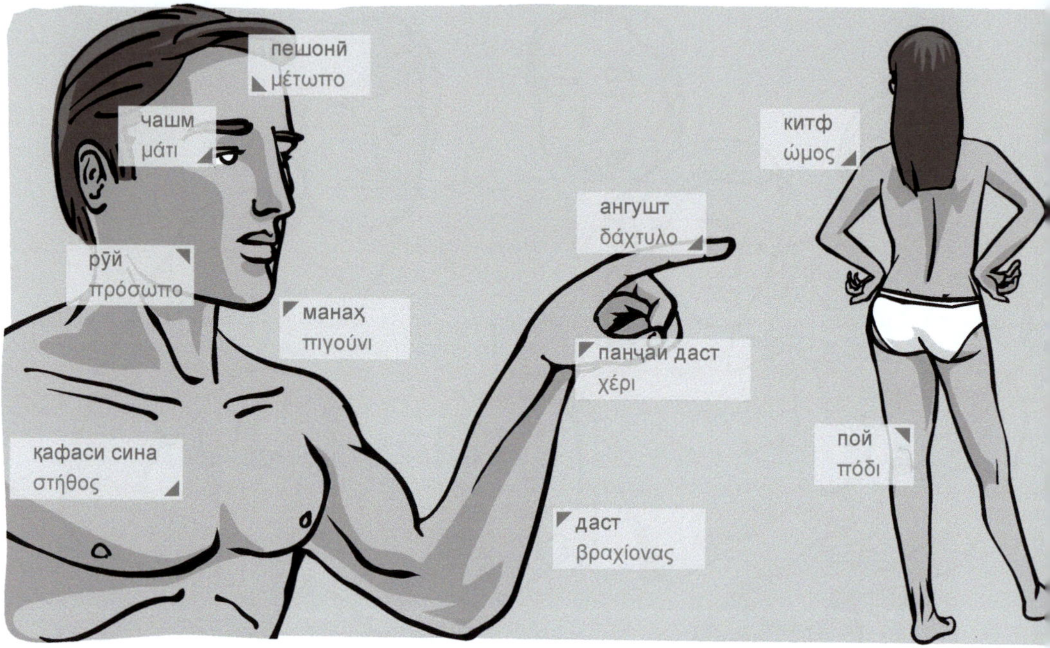

кӯдак

μωρό

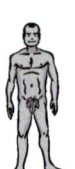

мард

άνδρας

зан

γυναίκα

духтар

κορίτσι

писар

αγόρι

сар

κεφάλι

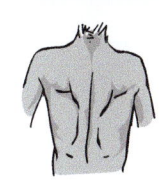

пушт

πλάτη

шикам

κοιλιά

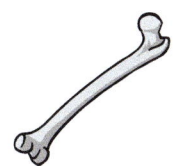

ноф

αφαλός

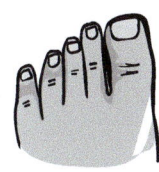

ангушти пой

δάχτυλο ποδιού

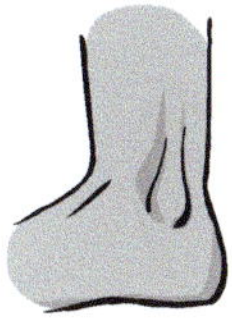

пошнаи пой

φτέρνα

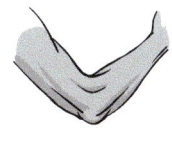

устухон

κόκκαλο

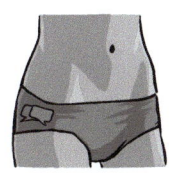

рон

γοφός

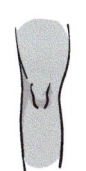

зону

γόνατο

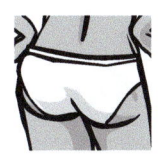

оринҷ

αγκώνας

бинӣ

μύτη

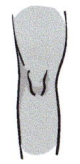

таг

γλουτός

пӯст

δέρμα

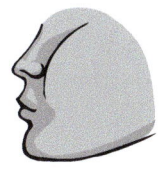

рухсора

μάγουλο

гӯш

αυτί

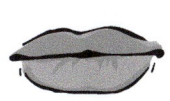

лаб

χείλος

даҳон

στόμα

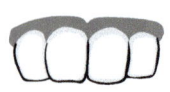

дадон

δόντι

забон

γλώσσα

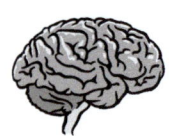

майнаи сар

εγκέφαλος

дил

καρδιά

мушак

μυς

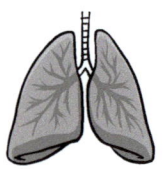

шуш

πνεύμονας

ҷигар

συκώτι

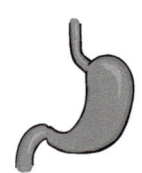

меъда

στομάχι

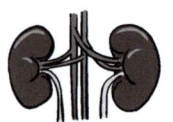

гурдаҳо

νεφρά

алоқаи ҷинсӣ

σεξουαλική επαφή

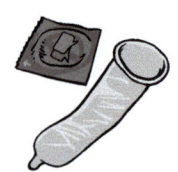

рифола

προφυλακτικό

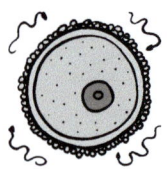

тухмҳуҷайра

ωάριο

нутфа

σπέρμα

ҳомиладорӣ

εγκυμοσύνη

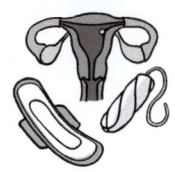

ҳайз

περίοδος

маҳбал

γυναικείος κόλπος

кер

πέος

абрӯ

φρύδι

мӯй

μαλλιά

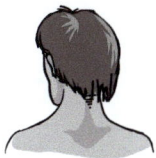

гардан

λαιμός

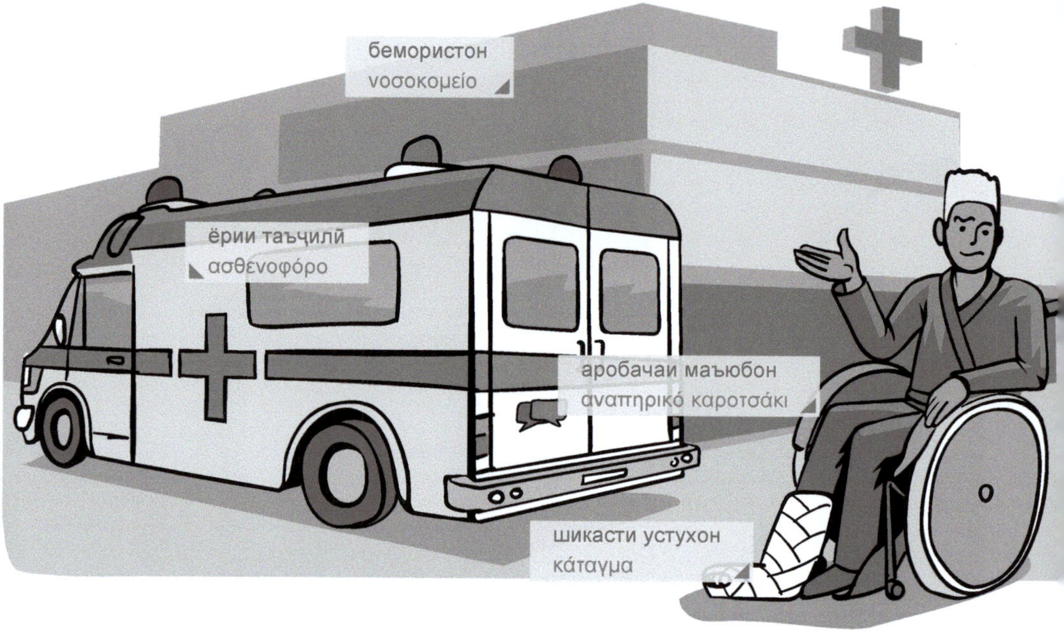

бемористон
νοσοκομείο

ёрии таъҷилӣ
ασθενοφόρο
аробачаи маъюбон
αναπηρικό καροτσάκι
шикасти устухон
κάταγμα

духтур
γιατρός

ҳуҷраи ёрии фаврӣ
μονάδα εντατικής θεραπείας

ҳамшираи тиббӣ
νοσοκόμα

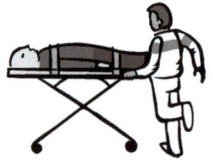

ҳолати фавқулодда
έκτακτη ανάγκη

беҳуш
λιπόθυμος

дард
πόνος

ҷароҳат

τραύμα

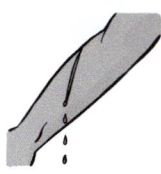

хунравӣ

αιμορραγία

дилзанак

έμφραγμα

сактаи майна

εγκεφαλικό

аллергия

αλλεργία

сулфа

βήχας

табларза

πυρετός

грипп

γρίπη

шикамравӣ

διάρροια

сардард

πονοκέφαλος

саратон

καρκίνος

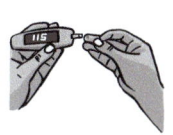

диабет

διαβήτης

ҷарроҳ

χειρουργός

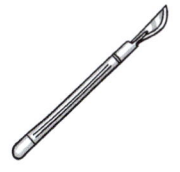

скалпел

νυστέρι

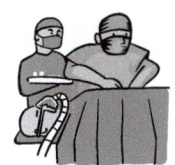

ҷарроҳӣ

εγχείρηση

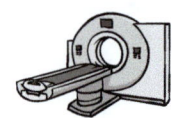

Томографияи компютерӣ

αξονική τομογραφία

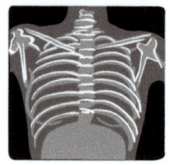

шӯъои ренгенӣ

ακτινογραφία

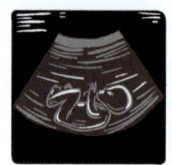

ултрасадо

υπέρηχος

ниқоби рӯй

μάσκα

беморӣ

ασθένεια

ҳуҷраи интизорӣ

αίθουσα αναμονής

асобағал

πατερίτσα

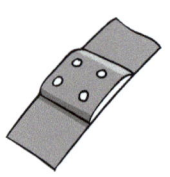

марҳам

χάνσαπλαστ

дока

επίδεσμος

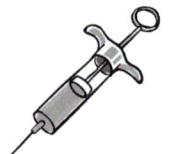

сӯзандору

ένεση

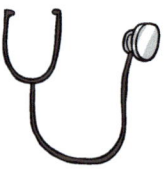

стетоскоп

στηθοσκόπιο

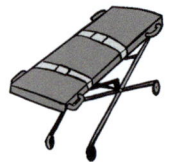

занбар

φορείο

ҳароратсанҷ

θερμόμετρο

таваллуд

γέννηση

вазни зиёдатӣ

υπέρβαρο

тaҷхизоти шунавой
ακουστικό βαρηκοΐας

моддаи безарараргардонӣ
αντισηπτικό

инфексия
λοίμωξη

вирус
ιός

ВИЧ / СПИД
HIV/AIDS

дору
φάρμακο

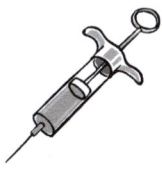

ваксинатсия
εμβολιασμός

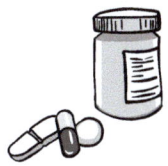

ҳабҳо
δισκία

ҳаб
χάπι

занги изтирорӣ
κλήση έκτακτης ανάγκης

монитори фишори хун
πιεσόμετρο αίματος

бемор/солим
άρρωστος / υγιής

Кумак!

Βοήθεια!

ҳушдор

συναγερμός

ҳуҷум

βιαιοπραγία

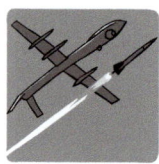

ҳамла

επίθεση

хатар

κίνδυνος

баромадгоҳи таҳлиявӣ

έξοδος κινδύνου

Сӯхтор!

Φωτιά!

оташнишон

πυροσβεστήρας

садама

ατύχημα

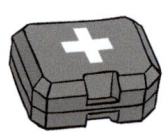

доруқуттӣ

κουτί πρώτων βοηθειών

бонги хатар

SOS

полис

αστυνομία

Аврупо

Ευρώπη

Америкаи Шимолӣ

Βόρεια Αμερική

Америкаи Ҷанубӣ

Νότια Αμερική

Африка

Αφρική

Осиё

Ασία

Австралия

Αυστραλία

Уқёнуси Атлантик

Ατλαντικός Ωκεανός

Уқёнуси Ором

Ειρηνικός Ωκεανός

Уқёнуси Ҳинд

Ινδικός Ωκεανός

Уқёнуси Антарктика

Ανταρκτικός Ωκεανός

Уқёнуси Арктика

Αρκτικός Ωκεανός

Қутби шимол

Βόρειος Πόλος

Қутби ҷануб

Νότιος Πόλος

Антарктика

Ανταρκτική

замин

Γη

замин

γη

баҳр

θάλασσα

ҷазира

νησί

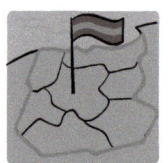

миллат

έθνος

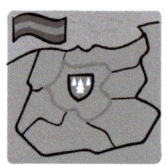

давлат

πολιτεία

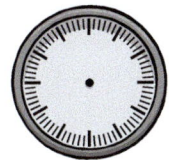

вақт

ρολόι

сиферблат

καντράν ρολογιού

ақрабаки соат

ωροδείκτης

ақрабаки дақиқашумор

λεπτοδείκτης

ақрабаки сонияшумор

δείκτης δευτερολέπτων

Соат чанд?

Τι ώρα είναι;

рӯз

ημέρα

замон

χρόνος

ҳозир

τώρα

соати электронӣ

ψηφιακό ρολόι

лаҳза

λεπτό

соат

ώρα

ҳафта
εβδομάδα

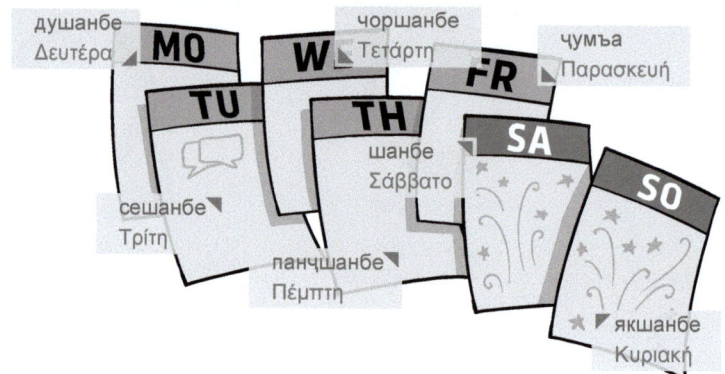

душанбe
Δευτέρα
сешанбе
Τρίτη
чоршанбе
Τετάρτη
панҷшанбе
Πέμπτη
Παρασκευή
шанбе
Σάββατο
якшанбе
Κυριακή

дирӯз

χθες

имрӯз

σήμερα

фардо

αύριο

пагоҳирӯзӣ

πρωί

нимрӯз

μεσημέρι

шом

βράδυ

рӯзҳои корӣ

εργάσιμες ημέρες

истироҳат

Σαββατοκύριακο

борон
βροχή
рангинкамон
ουράνιο τόξο
шамол
άνεμος
барф
χιόνι
άνοιξη
тобистон
καλοκαίρι
тирамоҳ
φθινόπωρο
зимистон
χειμώνας

4.APRIL 11°
5.APRIL 4°
6.APRIL 13°
7.APRIL 8°
8.APRIL 10°

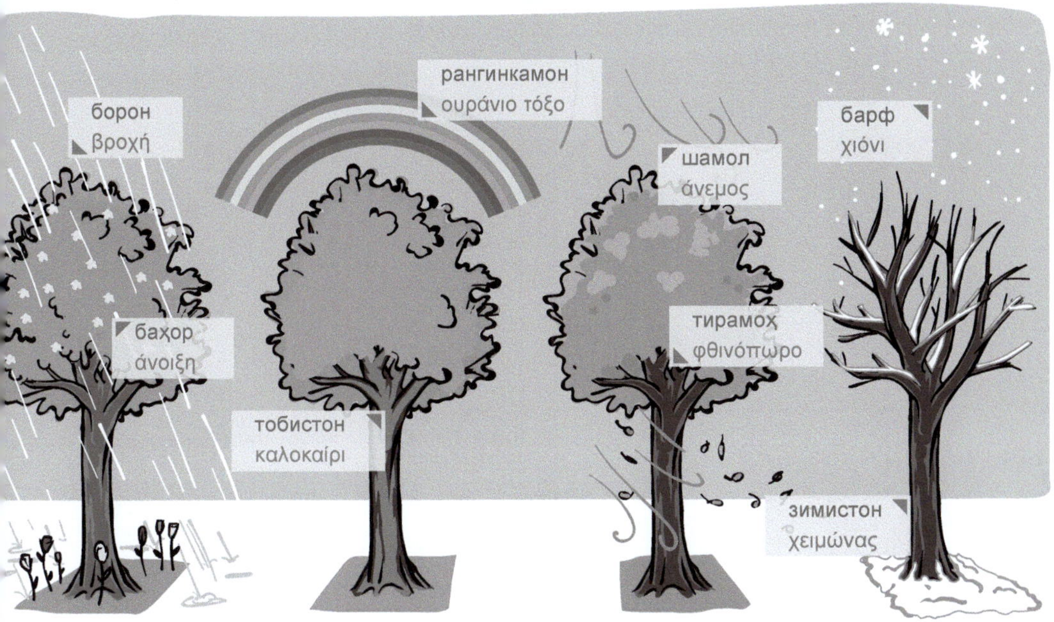

Обу ҳаво

πρόγνωση καιρού

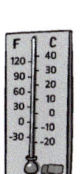

ҳароратсанҷ

θερμόμετρο

равшании офтоб

λιακάδα

абр

σύννεφο

туман

ομίχλη

намнок

υγρασία

барқ

αστραπή

тундар

κεραυνός

тӯфон

καταιγίδα

жола

χαλάζι

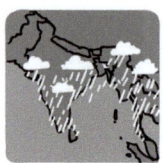

муссон

μουσώνας

обхезӣ

πλημμύρα

ях

πάγος

январ

Ιανουάριος

феврал

Φεβρουάριος

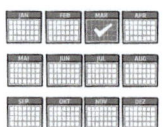

март

Μάρτιος

апрел

Απρίλιος

май

Μάιος

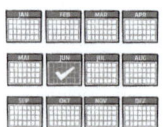

июн

Ιούνιος

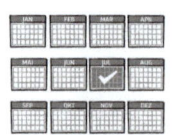

июл

Ιούλιος

август

Αύγουστος

сентябр

Σεπτέμβριος

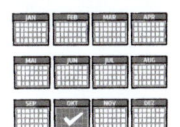

октябр

Οκτώβριος

ноябр

Νοέμβριος

декабр

Δεκέμβριος

баст

σχήματα

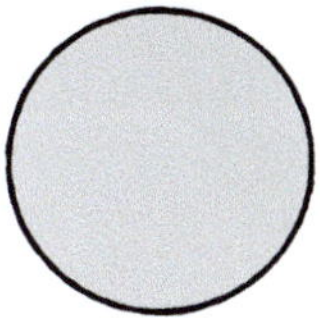

давра

κύκλος

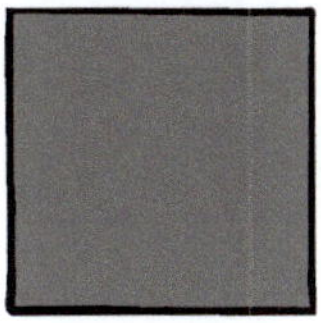

мураббаъ

τετράγωνο

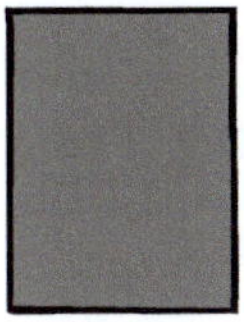

росткуньа

ορθογώνιο παραλληλόγραμμο

секуньа

τρίγωνο

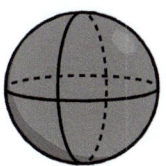

соњаи

σφαίρα

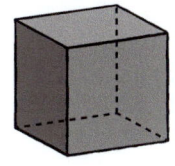

мукааб

κύβος

рангҳо
χρώματα

гулобӣ

άσπρο

хокистаранг

κίτρινο

зард

πορτοκαλί

бунафшранг

ροζ

сурх

κόκκινο

қаҳваранг

μωβ

кабуд

μπλε

сиёҳ

πράσινο

кабуд

καφέ

сафед

γκρι

сабз

μαύρο

мухолифат
αντίθετα

бисёр/кам

πολύ / λίγο

хашмгин / ором

θυμωμένος / ήρεμος

зебо/безеб

όμορφος / άσχημος

оғози / охири

αρχή / τέλος

калон/хурд

μεγάλος / μικρός

дурахшон / торик

φωτεινός / σκοτεινός

бародари / хоҳар

αδελφός / αδελφή

тоза/чиркин

καθαρός / λερωμένος

пурра / нопурра

πλήρης / ατελής

рӯзи / шаб

ημέρα / νύχτα

мурдагон / зинда

νεκρός / ζωντανός

кушод/танг

φαρδύς / στενός

хӯрданӣ /
хӯрданашаванда
βρώσιμος / μη βρώσιμος

бад/нек

κακός / ευγενικός

ба ҳаяҷон / дилгир

ενθουσιασμένος /
βαριεστημένος

ғавс/борик

παχύς / λεπτός

якум/охирин

πρώτος / τελευταίος

Дӯсти / душмани

φίλος / εχθρός

пур/холӣ

γεμάτος / άδειος

сахт/мулоим

σκληρός / μαλακός

вазнин/сабук

βαρύς / ελαφρύς

гуруснагӣ / ташнагӣ

πείνα / δίψα

бемор/солим

άρρωστος / υγιής

ғайриқонунӣ / ҳуқуқӣ

παράνομος / νόμιμος

соҳибақл / беақл

έξυπνος / χαζός

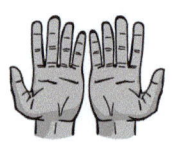

рост/чап

αριστερός / δεξιός

наздик/дур

κοντινός / μακρινός

ҷави / истифода бурда мешавад

καινούριος / μεταχειρισμένος

ҳеҷ / чизе

τίποτα / κάτι

пир/ҷавон

γέρος | νέος

оид / хомӯш

αναμμένος / σβηστός

кушода/пӯшида

ανοιχτός / κλειστός

паст/баланд

χαμηλόφωνος / μεγαλόφωνος

бой/камбағал

πλούσιος / φτωχός

дуруст/нодуруст

σωστός / λανθασμένος

дурушт/ҳамвор

τραχύς / λείος

ғамгин/хушбахт

λυπημένος / χαρούμενος

кӯтоҳ/дароз

κοντός / μακρύς

оҳиста/тез

αργός / γρήγορος

тар/хушк

υγρός / στεγνός

гарм / сард

ζεστός / δροσερός

ҷанг / сулҳ

πόλεμος / ειρήνη

ададҳо
αριθμοί

0

нол

μηδέν

1

як

ένα

2

ду

δύο

3

се

τρία

4

чор

τέσσερα

5

панҷ

πέντε

6

шаш

έξι

7

ҳафт

εφτά

8

ҳашт

οκτώ

9

нӯҳ

εννιά

10

даҳ

δέκα

11

ёздаҳ

έντεκα

12	13	14
дувоздаҳ	сенздаҳ	чордаҳ
δώδεκα	δεκατρία	δεκατέσσερα
15	16	17
понздаҳ	шонздаҳ	ҳабдаҳ
δεκαπέντε	δεκαέξι	δεκαεφτά
18	19	20
ҳаждаҳ	нуздаҳ	бист
δεκαοκτώ	δεκαεννέα	είκοσι
100	1.000	1.000.000
сад	ҳазор	миллион
εκατό	χίλια	εκατομμύριο

забонҳо

γλώσσες

англисӣ

Αγγλικά

англисии амрикоӣ

Αμερικάνικα Αγγλικά

мандарини хитоӣ

Μανδαρίνικα Κινέζικα

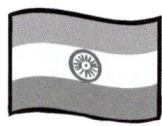

ҳиндӣ

Χίντι

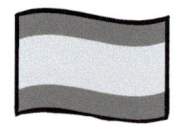

испанӣ

Ισπανικά

фаронсавӣ

Γαλλικά

арабӣ

Αραβικά

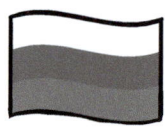

русӣ

Ρώσικα

португалӣ

Πορτογαλικά

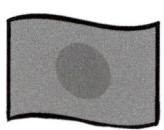

бенгалӣ

Μπενγκάλι

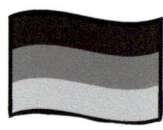

олмонӣ

Γερμανικά

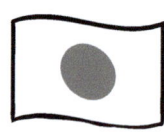

ҷопонӣ

Ιαπωνικά

ки / чиро / тавр
ποιος / τι / πως

ман

εγώ

шумо

εσύ

Ӯ / вай / он

αυτός / αυτή / αυτό

мо

εμείς

шумо

εσείς

онҳо

αυτοί / αυτές / αυτά

ки?

ποιος / ποια / ποιο;

чӣ?

τι;

Чӣ хел?

πώς;

дар куҷо?

πού;

кай?

πότε;

ном

όνομα

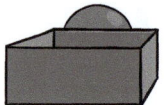

дар куҷо

που

аз паси

πίσω

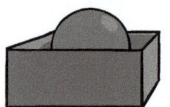

дар

μέσα

дар пеши

μπροστά

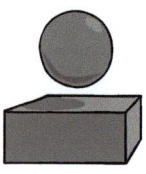

дар болои

πάνω από

дар рӯи

πάνω

дар зери

κάτω

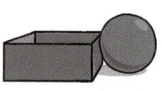

дар назди

δίπλα

миёни

ανάμεσα

ҷой

μέρος